JUNG BLEIBEN HEISST,
SEINE ERINNERUNGEN NICHT
MIT SICH ALTERN LASSEN.

PETER SIRIUS

Das Alter
hat zwei große **VORTEILE**:
Die Zähne tun nicht mehr weh
und man hört nicht mehr all das
dumme Zeug, das ringsum
gesagt wird.

GEORGE BERNARD SHAW

MIX
Papier aus verantwortungsvollen Quellen
FSC® C104723
www.fsc.org

ISBN 978-3-649-64687-7

Hafenweg 30, 48155 Münster, Germany

Illustrationen: Julia Borchers
Fotos: dpa Picture-Alliance GmbH
Textsatz & grafische Gestaltung: Tina Defaux
Redaktion: Kai König & Svenja Ißleib

www.coppenrath.de

Was ich dir wünsche?

GLÜCK!

AUS CHINA

SEELENRUHE,
HEITERKEIT UND
ZUFRIEDENHEIT
SIND DIE GRUNDLAGEN
ALLEN GLÜCKS,
ALLER GESUNDHEIT
UND DES LANGEN LEBENS.

CHRISTOPH WILHELM VON HUFELAND

Älter zu werden heißt nicht,
mit dem Träumen aufzuhören.

WELCHEN KLEINEN TRAUM
ERFÜLLST DU DIR HEUTE?

Die höchste Form des Glücks ist ein Leben mit einem gewissen Grad an Verrücktheit.
ERASMUS VON ROTTERDAM

Wenn man
seine KINDHEIT bei sich hat,
wird man nie älter.

JOHANN WOLFGANG VON GOETHE

EIN FRÖHLICHES HERZ
LEBT AM LÄNGSTEN.

WILLIAM SHAKESPEARE

ÜBERALL IST WUNDERLAND.
ÜBERALL IST LEBEN.

JOACHIM RINGELNATZ

Gibt es eine bessere Form,
mit dem Leben fertig zu werden,
als mit LIEBE und HUMOR?

CHARLES DICKENS

DAS GLÜCK BESTEHT
NICHT DARIN, WIE VIEL WIR
HABEN, SONDERN
WIE VIEL WIR GENIEßEN.

CHARLES SPURGEON

Gegrillter Ziegenkäse-Toast

FÜR 2 SANDWICHES

2 kleine Knollen Rote Bete (vorgekocht), 75g Ziegenkäse,
4 Scheiben Toastbrot, etwas Olivenöl, 1Bd. Rucola, Salz, Pfeffer

Rote Bete in 7mm dicke und Ziegenkäse
in feine Scheiben schneiden.
Toastscheiben mit Olivenöl beträufeln.
Zwei Scheiben mit Rucola, Ziegenkäse, Roter Bete
und einer weiteren Schicht Ziegenkäse belegen.
Mit Salz und Pfeffer würzen.
Je 1 Scheibe Toast auflegen und leicht andrücken.
Sandwiches in einer Grillpfanne bei mittlerer Hitze
leicht anrösten und halbiert servieren.

Wir werden nicht älter
mit den Jahren, wir werden
neuer jeden Tag.

EMILY DICKINSON

ÄLTER ZU WERDEN
IST NICHT SCHÖN,
ABER INTERESSANT.

AUGUST STRINDBERG

Einen Tag lang ungestört
in Muße zu verleben heißt,
einen Tag lang unsterblich sein.

AUS CHINA

Ein schöner Tag wiegt
einen schlechten Monat auf.

AUS DER TOSKANA

Die Jahre lassen die Haut knittern,
aber fehlender Enthusiasmus
lässt die SEELE knittern.

SAMUEL ULLMAN

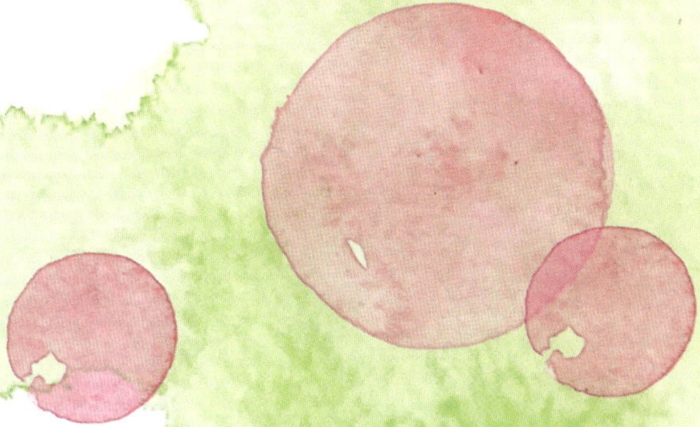

WENN DAS HERZ STANDHAFT IST, KANN EINE MAUS EINEN ELEFANTEN HEBEN.

AUS ASIEN

GLÜCKLICH ist,
wer vergisst, was
doch nicht
zu ändern ist.

JOHANN STRAUSS

Älter zu werden bedeutet
nicht immer, auch zu wissen,
WAS MAN WILL. Man weiß aber,
WAS MAN NICHT MEHR WILL.

Ihr seht die Dinge
und sagt: WARUM?
Aber ich träume von Dingen,
die es nie gegeben hat,
und sage: WARUM NICHT?

GEORGE BERNARD SHAW

DAS WEITAUS SCHÖNSTE GLÜCK
IST DAS PLÖTZLICHE.
SOPHOKLES

DIE WELT IST MIT
SO VIELEN DINGEN GEFÜLLT,
DASS WIR ALLE GLÜCKLICH
WIE KÖNIGE SEIN SOLLTEN.

ROBERT LOUIS STEVENSON

So sind die Gedanken,
sie laufen lustig voraus wie Hündchen.
Ich habe zwei. Eins heißt „wer weiß“,
das andere „kann sein“.

WILHELM BUSCH

COSMOPOLITAN

9cl Zitronenwodka,
6cl Cointreau, 3cl Limettensaft,
2–4 Spritzer Cranberrysaft,
2 Limettenspalten oder 2 Orangen-Twists

Die Hälfte der Zutaten auf die Limettenspalten oder Organgen-Twists in einen Boston Shaker geben und mit Eis auffüllen. Kräftig schütteln und in ein gekühltes Cocktailglas abseihen. Mit je einer Limettenspalte oder einem Orangen-Twist garnieren. Mit den restlichen Zutaten ebenso verfahren.

Man kann
einen seligen,
seligsten Tag haben,
ohne etwas anderes
dazu zu brauchen
als blauen HIMMEL
und grüne Erde.

JEAN PAUL

Frage nicht,
was das Geschick
morgen will beschließen,
unser ist der Augenblick,
lass uns den genießen!

FRIEDRICH RÜCKERT

MAN MUSS IMMER ETWAS HABEN, WORAUF MAN SICH FREUT.

EDUARD MÖRIKE

Der Alltag kann
so unglaublich anstrengend sein ...
da ist es manchmal auch schön,
DIE SEELE EINFACH BAUMELN ZU LASSEN
und den Augenblick so zu genießen,
wie man es früher als Kind getan hat.

Achte den AUGENBLICK
und genieße ihn,
er ist das Beste, was wir haben,
und das Einzige,
was vergeht.

WEISHEIT DER AUSTRALISCHEN UREINWOHNER

Ich versuche es
zu vermeiden,
nach vorne oder zurück
zu schauen, sondern
ich versuche,
AUFWÄRTS zu blicken.

CHARLOTTE BRONTË

FREUE DICH,
TRINKE EIN GLAS,
BETRACHTE DIE GEGENWART
ALS DEIN EIGENTUM,
ALLES ANDERE
ÜBERLASSE DEM SCHICKSAL.

EURIPIDES

Wenn auch die Freude
eilig ist, so geht doch vor ihr
eine lange HOFFNUNG her
und ihr folgt eine längere
Erinnerung nach.

JEAN PAUL

Kein **LEBEN** ist so schwer,
dass du es nicht durch die Art,
wie du es nimmst,
leichter machen kannst.

ELLEN GLASGOW

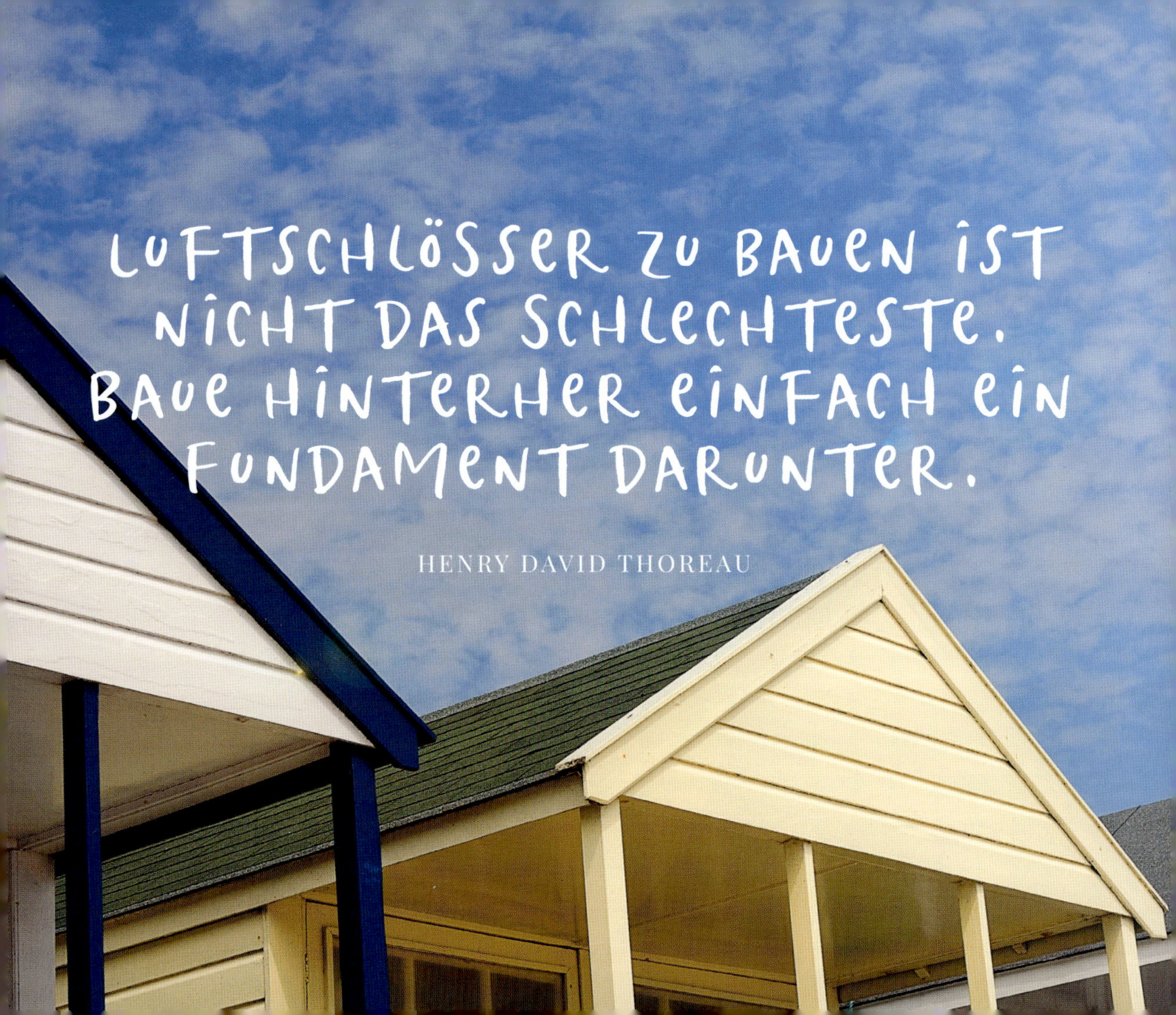
LUFTSCHLÖSSER ZU BAUEN IST NICHT DAS SCHLECHTESTE. BAUE HINTERHER EINFACH EIN FUNDAMENT DARUNTER.
HENRY DAVID THOREAU

Die Freude und das Lächeln
sind der Sommer des Lebens.

JEAN PAUL

Jeder, der sich die
Fähigkeit erhält,
Schönes zu erkennen,
wird nie alt werden.

FRANZ KAFKA

MAN KANN DAS LEBEN
NUR RÜCKWÄRTS VERSTEHEN,
ABER MAN MUSS ES
VORWÄRTS LEBEN.

SØREN KIERKEGAARD

Es gibt nur einen Weg
zum GLÜCK und der bedeutet,
aufzuhören mit den Gedanken
um Dinge, die jenseits
der Grenzen unseres
Einflussvermögens liegen.

EPIKTET

Monde und Jahre vergehen
und sind immer vergangen,
aber ein schöner Moment
leuchtet das
ganze Leben hindurch.
FRANZ GRILLPARZER

LASST UNS DANKBAR SEIN

gegenüber Menschen,
die uns glücklich machen.
Sie sind die liebenswerten
Gärtner, die unsere Seele
zum Blühen bringen.

MARCEL PROUST

Man muss über
die Freuden des Lebens
nicht viel reflektieren.
Man genießt sie besser,
ohne sie zu zählen oder
zu zergliedern.

JEAN PAUL

LACHSBAGEL

2 Bagels, ½ Bd. Dill, 60g Frischkäse,
2 EL Meerrettich, etwas Zitronensaft, 1 Prise Salz,
100g geräucherter Lachs, ¼ Gurke

Bagels aufschneiden. Dill fein hacken und
mit Frischkäse, Meerrettich, Zitronensaft und Salz
zu einer Creme verrühren.
Die Bagels damit bestreichen,
untere Hälften mit Lachs belegen. Gurke schälen,
in Scheiben schneiden und auf dem Lachs verteilen.
Obere Hälfte aufsetzen.

GIBT ES DA ETWAS, DAS DU IN DEINER JUGEND GERNE GETAN HAST?

Vielleicht ist genau heute der Tag, es noch einmal zu versuchen.

MACH ES WIE
DIE SONNENUHR:
ZÄHL DIE HEIT'REN
STUNDEN NUR.

SPRICHWORT

Nur dem FRÖHLICHEN blüht der Baum des Lebens.

ERNST MORITZ ARNDT

Gestalte dir das Leben angenehm, indem du alle Sorgen darum aufgibst.

LUCIUS ANNAEUS SENECA

EIN MENSCH
IST SO GLÜCKLICH,
WIE ER ES
BESCHLIESST ZU SEIN.

ABRAHAM LINCOLN

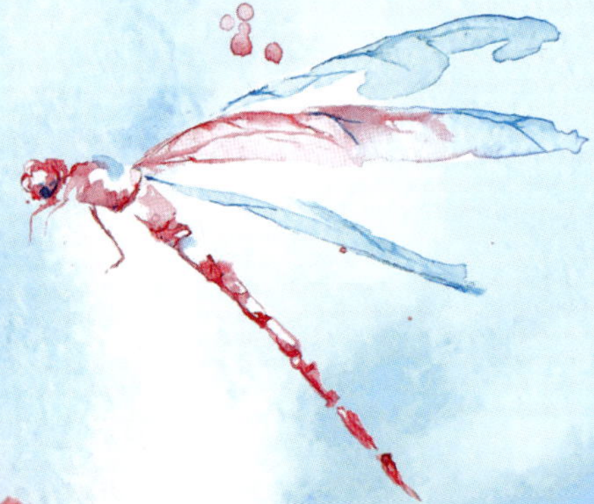

Es ist uns nicht
zu wenig Zeit gegeben,
wir verschwenden
nur zu viel.

LUCIUS ANNAEUS SENECA

DAS GLÜCK IST NICHT
IN EINEM EWIG LACHENDEN
HIMMEL ZU SUCHEN,
SONDERN IN GANZ FEINEN
KLEINIGKEITEN,
AUS DENEN WIR UNSER LEBEN
ZURECHTZIMMERN.
CARMEN SYLVA

Deine Weisheit
sei die Weisheit der
grauen Haare,
aber dein HERZ –
dein Herz
sei das Herz der
unschuldigen Kindheit.

FRIEDRICH VON SCHILLER

Gib jedem Tag
die CHANCE,
der schönste
deines Lebens
zu werden.

MARK TWAIN

Nussecken

FÜR 24 STÜCK

FÜR DEN TEIG: 65g weiche Butter, 80g Zucker, 1 Ei,
150g Mehl plus etwas für die Arbeitsfläche, 1 TL Backpulver

FÜR DEN BELAG UND DEN GUSS: 2 EL Aprikosenkonfitüre,
100g Butter, 100g Zucker, 1 Pck. Vanillezucker,
100g gemahlene Haselnusskerne,
100g gehackte Haselnusskerne, 50g Zartbitterkuvertüre

Ofen auf 180°C vorheizen. Butter mit Zucker und Ei schaumig schlagen. Mehl und Backpulver zugeben und alles vermengen. Teig zu einem Rechteck (32 x 24cm) ausrollen, auf ein mit Backpapier belegtes Blech geben und mit Konfitüre bestreichen. Butter, Zucker, Vanillezucker und 2 EL Wasser erwärmen, bis sich der Zucker aufgelöst hat. Alle Haselnüsse unterheben, die Masse abkühlen lassen und auf dem Teig verteilen. 25 Min. backen. Abgekühlte Nussecken in Vierecke (8 x 8cm) schneiden, halbieren, sodass Dreiecke entstehen. Kuvertüre hacken, schmelzen und die Ecken des Gebäcks damit überziehen.

HUMOR
ist das Salz der Erde,
und wer gut durchgesalzen ist,
bleibt lange frisch.

KAREL ČAPEK

DAS BESTE, WAS WIR
AUF DER WELT TUN KÖNNEN,
IST GUTES TUN,
FRÖHLICH SEIN UND DIE SPATZEN
PFEIFEN LASSEN.
DON BOSCO

Falls etwas nicht
so läuft, wie du es dir
vorstellst, dann stell dir
etwas anderes vor.

AUS POLYNESIEN

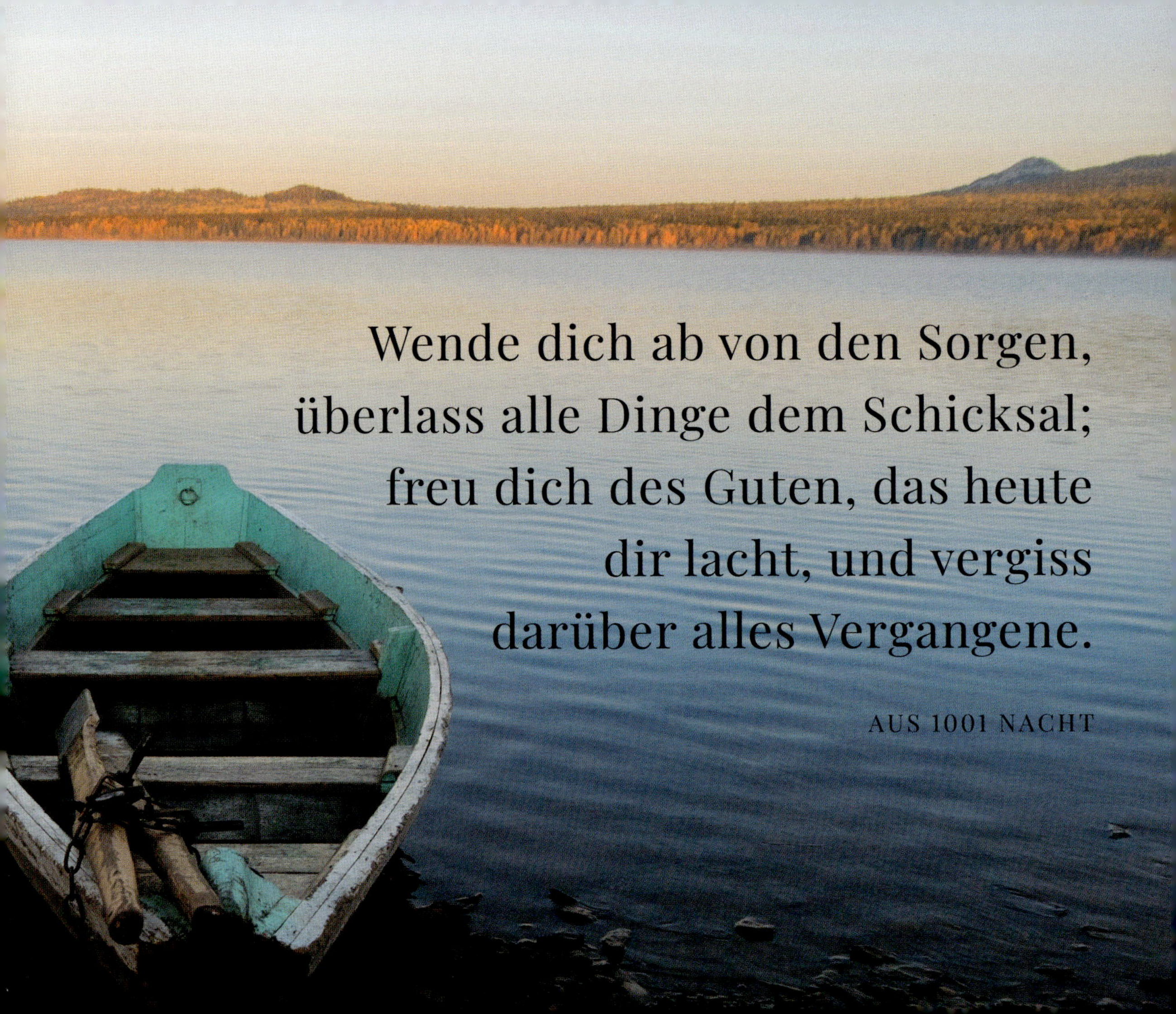

Wende dich ab von den Sorgen,
überlass alle Dinge dem Schicksal;
freu dich des Guten, das heute
dir lacht, und vergiss
darüber alles Vergangene.

AUS 1001 NACHT

Erst die Überzeugung,
dass die Erfüllung unserer Träume
unrealistisch ist – ob jung oder alt –,
macht sie unmöglich.

GLAUB AN DEINE TRÄUME,
EGAL WIE ALT DU BIST.

Nutze jeden Tag.

Man muss nur wollen
und daran glauben,
dann wird es gelingen.

FERDINAND GRAF VON ZEPPELIN

DAS ÜBERRASCHENDE MACHT GLÜCK.

FRIEDRICH VON SCHILLER

Es ist unmöglich,
Ihnen mein Alter zu verraten,
da es sich ständig ändert.

ALPHONSE ALLAIS

In jedem Alter hält man
das neu geborene Jahr für die beste Zeit,
ein rauschendes Fest zu feiern.

WALTER SCOTT

MAN IST NUR EINMAL JUNG.

Aber wie lang dieses eine Mal dauert,
das ist die Frage.

SPRICHWORT

Keine Grenze verlockt
mehr zum Schmuggeln als die
ALTERSGRENZE.

KARL KRAUS

JAHRE SOLLTE MAN
NICHT ZÄHLEN,
SONDERN ERLEBEN.

REDENSART

ERDBEER-HIMBEER-BOWL MIT MANDELN

2 Bananen, 12 Erdbeeren, 6 Himbeeren, 250ml Kokoswasser

FÜR DAS TOPPING:
4 EL gehackte Mandeln, 4 Erdbeeren, 2 EL Knuspermüsli

Bananen und Erdbeeren schälen bzw. putzen, in Scheiben schneiden und für 45 Min. in den Tiefkühler legen. Anschließend die Bananen- und Erdbeerscheiben mit den Himbeeren und dem Kokoswasser in einem Standmixer fein pürieren und auf zwei Schüsseln verteilen. Die gehackten Mandeln in einer beschichteten Pfanne ohne Fett rösten. Die Erdbeeren putzen, würfeln und mit dem Knuspermüsli und den gerösteten Nüssen auf den Bowls verteilen.

Je länger der Mensch
ein Kind bleibt,
desto älter wird er.
NOVALIS

Ein großer Mensch ist,
wer sein KINDERHERZ nicht
verloren hat.

MONG DSI

Alter ist Verzicht auf Glück;
glückliche, gute Menschen werden
innerlich nie alt.

THERESE KEITER

AUSRUHEN
ist keine Faulheit, und ab
und zu an einem Sommertag im Gras
unter den Bäumen zu liegen ist
in keinem Fall
eine Zeitverschwendung.
JOHN LUBBOCK

Das Meiste haben wir
gewöhnlich in der Zeit getan,
in der wir meinen,
nichts getan zu haben.

MARIE VON EBNER-ESCHENBACH

DER IDEALE TAG
WIRD NIE KOMMEN.
DER IDEALE TAG
IST HEUTE, WENN WIR
IHN DAZU MACHEN.

AUS CHINA

LEBE JEDEN TAG SO,
dass du dich später nicht
dabei ertappen kannst,
an eine verstrichene Chance
zu denken.

Die FANTASIE
ist ein ewiger Frühling.

FRIEDRICH VON SCHILLER

FÜR DICH SOLL'S
SCHÖNE BLUMEN REGNEN!

GLÜCK IST DER STUHL,
DER PLÖTZLICH DASTEHT,
WENN MAN SICH
ZWISCHEN ZWEI ANDERE
SETZEN WILL.

GEORGE BERNARD SHAW

SCHÄTZE ALL
DIE GLÜCKLICHEN
MOMENTE;
SIE BILDEN
EIN GUTES
KISSEN FÜRS
HOHE ALTER.

BOOTH TARKINGTON

Wende dein Gesicht
immer der SONNE zu,
dann fallen die
Schatten hinter dich.

AUS THAILAND

Die LEBENSSPANNE
ist dieselbe, ob man sie nun lachend
oder weinend verbringt.

AUS JAPAN

Ich habe gute Zeiten gehabt
und beabsichtige,
noch viel bessere zu haben.
PRENTICE MULFORD

RUM-PRALINEN

100g zimmerwarme Butter, 100g Puderzucker,
200g Zartbitterschokolade (mind. 70% Kakaoanteil),
200g Vollmilchschokolade, 5 EL Rum, 50g gehackte Mandeln

Die Butter mit dem Puderzucker schaumig rühren. In einer Schüssel über dem heißen Wasserbad die beiden Schokoladen schmelzen und zusammen mit dem Rum vorsichtig in die Buttercreme rühren. Ca. 1. Std. im Kühlschrank abkühlen lassen. Dann zu 10 Kugeln formen und diese in den gehackten Mandeln wälzen. Auf eine Platte setzen, mit Folie abdecken und über Nacht im Kühlschrank durchziehen lassen.

ES IST SCHÖN
ZU LEBEN,
WEIL LEBEN
ANFANGEN IST,
IMMER,
IN JEDEM AUGENBLICK.

CESARE PAVESE

ES GIBT NUR EINE ZEIT,
IN DER ES WESENTLICH IST,
AUFZUWACHEN –
DIESE ZEIT IST JETZT!

SIDDHARTHA GAUTAMA BUDDHA

Was die Zeit
dem Menschen
an Haar entzieht,
das ersetzt sie ihm
an Weisheit.

WILLIAM SHAKESPEARE

DAS GLÜCK BEGINNT,
WO MAN DIE ZEIT VERGISST.

SPRICHWORT

Alt macht nicht das Grau der Haare,
alt macht nicht die Zahl der Jahre,
alt ist, wer den Humor verliert
und sich für nichts mehr interessiert.

GOTTHOLD EPHRAIM LESSING

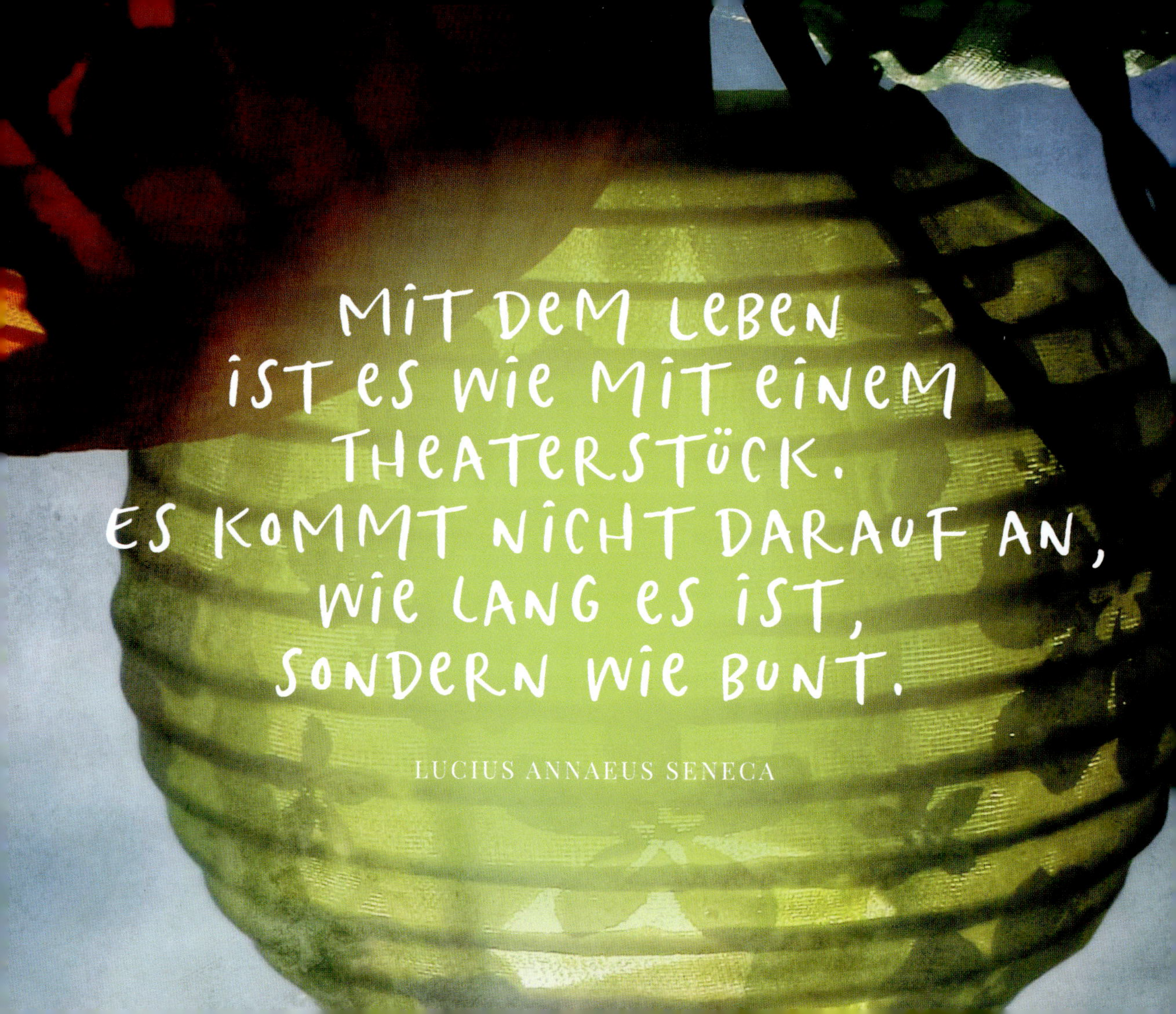

MIT DEM LEBEN
IST ES WIE MIT EINEM
THEATERSTÜCK.
ES KOMMT NICHT DARAUF AN,
WIE LANG ES IST,
SONDERN WIE BUNT.

LUCIUS ANNAEUS SENECA

Achte auf die
Proportionen der Dinge!
Es ist besser,
ein junger Maikäfer
zu sein als ein
alter Paradiesvogel.

MARK TWAIN

Alter ist nicht unbedingt
eine Sache des Körpers,
sondern des Geistes.
Schränke dich nicht selbst ein,
indem du deinem Verstand
etwas vorgaukelst.

SPAß, LIEBE UND GLÜCK
KENNEN KEIN ALTER.

Hast du ein
zufriedenes Herz,
so ist's genug, um
fröhlich zu sein.

PLAUTUS

Sich selbst zu ÜBERRASCHEN ist,
was das LEBEN lebenswert macht.

OSCAR WILDE

Lächle, denn es gibt einen Frühling
in deinem Garten, der die Blüten bringt,
einen Sommer, der die Blätter tanzen, und einen
Herbst, der die Früchte reifen lässt.

AUS ARABIEN

Thai-Bowl mit Erdnuss-Limetten-Soße

FÜR DIE BOWL:

80g Reisnudeln, 2 Möhren, ½ Gurke, 1 Avocado, ½ Paprika, 2 Handvoll Salatblätter, 1 Handvoll Thai-Basilikum, 1 Handvoll Koriander, einige Minzblätter, 1 EL schwarzer Sesam, 2 EL gehackte Erdnüsse

FÜR DIE ERDNUSS-LIMETTEN-SOSSE:

1 Knoblauchzehe, 1 Stück frischer Ingwer (ca. 3cm), 3 EL Sojasoße, 3 EL Ahornsirup, Saft von 1 Limette, 85g Erdnussbutter

Für die Soße Knoblauchzehe und Ingwer schälen und mit einem Blitzhacker fein zerkleinern. Danach die restlichen Zutaten und ca. 30ml Wasser zugeben und zu einer glatten Soße verarbeiten. Die Reisnudeln nach Packungsangabe zubereiten und abgießen. Die Möhren schälen, die Gurke waschen und beides in feine Stifte schneiden. Die Avocado entkernen, schälen und in Scheiben schneiden. Die Paprika von Samen und Scheidewänden befreien und würfeln. Die Salatblätter putzen. Kräuter abbrausen, trocken tupfen und grob hacken. Alle Zutaten auf zwei Schüsseln aufteilen und mit Sesam, Erdnüssen und Kräutern garnieren. Mit Erdnuss-Limetten-Soße servieren.

70 Jahre jung zu sein
ist manchmal viel erfreulicher
und hoffnungsvoller,
als 40 Jahre alt zu sein.

OLIVER WENDELL HOLMES

Wie doch FREUDE
und GLÜCK einen Menschen
schön machen.

FJODOR DOSTOJEWSKI

Sei heiter und vergnügt
und nimm teil an der Freude
der anderen.
Dabei fällt dann immer auch
etwas eigene Freude ab.

THEODOR FONTANE

Das Geheimnis
des Glücks ist, statt der Geburtstage
die HÖHEPUNKTE des
Lebens zu zählen.
MARK TWAIN

Der Grund,
warum Vögel fliegen können
und wir nicht, ist der,
dass sie voll ZUVERSICHT sind,
und wer zuversichtlich ist,
dem wachsen Flügel.

JAMES MATTHEW BARRIE

Um die ewige Jugend zu erlangen, würde ich viel tun, mit Ausnahme von Gymnastik und frühem Aufstehen.

OSCAR WILDE

In diesem Augenblick
bin ich dermaßen
glücklich, dass meine
einzige Beschäftigung
darin besteht, zu leben.
HONORÉ DE BALZAC

TUE HEUTE ETWAS,
DAS DU NOCH NIE GETAN HAST.

Heute ist immer der ideale Tag!
Möglicherweise schaffst du so
auch etwas, das du schon immer
erreichen wolltest.

DER MENSCH RESPEKTIERT
DAS ALTER WEIT EHER
BEI WHISKEY UND MÖBELN
ALS BEI ANDEREN MENSCHEN.

JUGEND ist ein
wundervolles Ding;
es ist ein Verbrechen,
es an die jungen Leute
zu verschwenden.

GEORGE BERNARD SHAW

Nichts ist gesünder
in der Welt, als ab und zu –
sich KRANKZULACHEN.

OSKAR BLUMENTHAL

Alle Lebewesen außer
dem Menschen wissen,
dass der Hauptzweck
des Lebens darin besteht,
es zu genießen.

SAMUEL BUTLER

Käsekuchen-Eis am Stiel

250g Doppelrahm-Frischkäse, 250g Schmand,
100ml Sahne, Abrieb von 1 Bio-Limette, 300g Erdbeeren, 120g Honig,
8 Eis-am-Stiel-Förmchen (je 80–100ml), 8 Eisstäbchen aus Holz

FÜR DEN BODEN:

75g Mandeln, 3 Datteln (entsteint), ½ EL Kokosöl, 1/8 TL Salz

Die Mandeln in einem Standmixer zerkleinern, nicht zermahlen. Datteln, Kokosöl und Salz zugeben und mixen, bis sich die klebrige Masse zu einer Kugel formt. Frischkäse mit Schmand, Sahne und Limettenabrieb cremig rühren. Erdbeeren waschen, putzen und mit dem Honig pürieren, unter die Frischkäsecreme ziehen. In acht Eis-am-Stiel-Förmchen füllen, dabei 1cm Platz lassen. Die Dattel-Mandel-Masse auf die Förmchen verteilen und leicht andrücken, jeweils ein Eisstäbchen aus Holz hineinstecken. Über Nacht gefrieren lassen.

Versuchungen sollte man nachgeben. Wer weiß, ob sie wiederkommen.

OSCAR WILDE

Lebe jeden Tag so,
als ob du dein GANZES LEBEN lang
nur für diesen einzigen Tag
gelebt hättest.

WASSILI W. RODANOW

FROHSINN IST EIN SCHWIMMGÜRTEL FÜR DEN STROM DES LEBENS.

LUDWIG BÖRNE

Trage immer
einen grünen
Zweig im Herzen,
es wird sich ein
Singvogel darauf
niederlassen.

AUS CHINA

Zerre deine Gedanken weg
von deinen Sorgen,
an den Ohren, den Füßen oder
auf sonst eine Art,
die dir recht ist.
Das ist das Gesündeste,
was ein Körper tun kann.

MARK TWAIN

Gestern war mein Tag,
heute ist mein Tag, und morgen
wird auch mein Tag sein.

SPRICHWORT

Mögest du leben,
solange du willst, und es wollen,
solange du lebst.

TRINKSPRUCH

Alt werden
bedeutet noch lange nicht,
das Spiel des Lebens auswendig zu kennen.
Der Mensch ist ein Gewohnheitstier.

NUTZE JEDEN TAG, UM NEUE ERFAHRUNGEN
ZU SAMMELN. PROBIERE ETWAS AUS,
SORGE FÜR ABWECHSLUNG.

Durchbrich die Routine und du wirst merken:
Das Leben hält so vieles bereit,
das auch du nicht kennst.

Nur wer für den Augenblick lebt,
lebt für die Zukunft.

HEINRICH VON KLEIST

Der Dummkopf beschäftigt sich
mit der Vergangenheit,
der Narr mit der Zukunft,
der Weise mit der GEGENWART.

NICOLAS CHAMFORT

Sieh nicht zu,
wie das Leben
an dir vorbeigeht –
geh mit ihm!

Was man schon hätte
vorgestern tun sollen,
hat auch bis
übermorgen Zeit.

AUS SPANIEN

Ice Cream Cookie Sandwiches

300g Mehl, 1 Prise Salz, ½ TL Backpulver, 150g Butter (geschmolzen und abgekühlt), 150g brauner Zucker, 90g weißer Zucker, Mark von 1 Vanilleschote, 1 Ei (L), 1 Eigelb, 300g Schokoladendrops, Eiscreme nach Belieben

Den Backofen auf 160°C vorheizen und ein Backblech mit Backpapier auslegen. Mehl, Salz und Backpulver in einer Schüssel vermischen und beiseitestellen.
Butter, beide Zuckersorten, Vanillemark, Ei und Eigelb in einer Schüssel aufschlagen. Die Mehlmischung und die Schokoladendrops unterrühren, bis ein gleichmäßiger Teig entstanden ist. Den Teig zu Kugeln formen und mit großzügigem Abstand auf das Backblech setzen. Im Ofen 9–12 Min. backen, anschließend abkühlen lassen.
Dann auf jeweils einen Cookie eine Kugel Eis setzen und mit einem zweiten Cookie abschließen. So nach und nach alle Cookie Sandwiches befüllen.

DAS LEBEN IST EIN
BUNTER BLUMENSTRAUSS
DER MÖGLICHKEITEN.

Wer so lebt,
dass er mit VERGNÜGEN
auf sein vergangenes Leben
zurückblicken kann,
lebt zweimal.

Leben
heißt träumen.
Weise sein
heißt angenehm
träumen.
FRIEDRICH VON SCHILLER

Unser ganzes Leben ist ein
nie wiederkehrender GEBURTSTAG,
den wir darum umso freudiger
begehen sollten.

JEAN PAUL

FROHSINN und Zufriedenheit
sind große Verschönerer
und berühmte Pfleger
von jugendlichem Aussehen.

CHARLES DICKENS

GLÜCK entsteht oft
durch Aufmerksamkeit
in kleinen Dingen.
WILHELM BUSCH

Manchmal können kleine Dinge
Großes bewirken.
KONZENTRIERE DICH NICHT NUR
AUF DIE GROßEN DINGE.
Lerne die Kleinigkeiten des Alltags
wertzuschätzen. Vielleicht machst
du damit nicht nur dir selbst,
sondern auch anderen eine Freude.

Die ZEIT verwandelt
uns nicht, sie entfaltet uns nur.

MARK TWAIN

FANG JETZT
AN ZU LEBEN UND
ZÄHLE JEDEN TAG
ALS EIN LEBEN
FÜR SICH.

LUCIUS ANNAEUS SENECA

ZÄHLE NICHT
JEDE STUNDE
DES TAGES, ABER
SORGE DAFÜR,
DASS JEDE STUNDE
DES TAGES ZÄHLT.

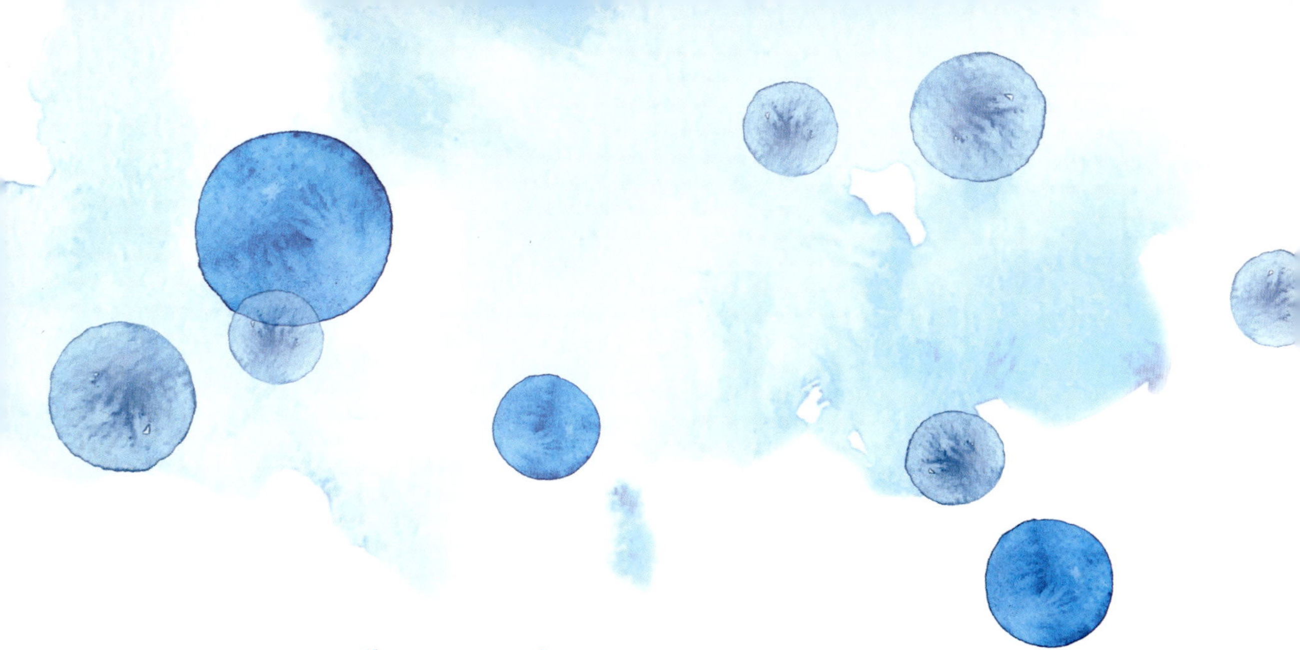

Ich werfe meine Freude
wie Vögel an den Himmel.
Ein neuer Tag, der glitzert,
knallt und jubiliert.

AUS AFRIKA

Jede Freude ist
ein Gewinn und bleibt es,
auch wenn er
noch so klein ist.

ROBERT BROWNING

Das deutlichste
Anzeichen von Weisheit
ist anhaltend
GUTE LAUNE.

MICHEL DE MONTAIGNE

PIZZATOAST CAPRICCIOSA

FÜR 4 PORTIONEN

4 Scheiben Toastbrot, 4 EL passierte Tomaten,
4 Champignons, 125g Mozzarella, 8 schwarze Oliven,
3 kleine Artischockenherzen (aus der Dose),
4 Scheiben gekochter Schinken, Pfeffer,
getrockneter Oregano, 1 Handvoll Basilikumblättchen

Toastscheiben auf niedriger Stufe leicht vortoasten. Je 1 EL passierte Tomaten auf die Toastscheiben streichen. Backofen auf 200°C vorheizen. Champignons und Mozzarella in dünne Scheiben schneiden. Oliven ggf. entkernen und in feine Ringe schneiden. Artischocken abtropfen lassen und vierteln. Je 1 Scheibe Schinken auf die Toastscheiben legen, darauf Champignons, Oliven und Artischocken verteilen. Mit Mozzarella belegen und mit Pfeffer und Oregano würzen. Pizzatoast im Backofen wenige Minuten rösten, bis der Käse zerläuft. Herausnehmen und mit Basilikumblättchen dekorieren.

Alles, was die Seele
durcheinanderrüttelt, ist GLÜCK.

ARTHUR SCHNITZLER

Weißt du, worin der
SPAß DES LEBENS liegt?
Sei lustig! – Geht das nicht,
so sei vergnügt.

JOHANN WOLFGANG VON GOETHE

Fange nie
an aufzuhören,
höre nie auf
anzufangen.

SPRICHWORT

Der junge Mann
kennt die Regeln,
aber der erfahrene Mann
kennt die Ausnahmen.

OLIVER WENDELL HOLMES

Wenn du erst erkennst,
dass das Leben aus vielen Farben
und nicht nur aus
Schwarz und Weiß gemacht ist,
schaffst du es, dein Leben
in den Farben zu malen, die dir gefallen.
Ergreife die Initiative
und male dir dein Leben bunt.

WAS MÖCHTEST DU HEUTE TUN?

Ich wünsche dir,
dass es in deinem LEBEN keine
verschenkten Tage gibt, aber viele,
die du anderen schenkst.

IRISCHER SEGENSWUNSCH

Durchwandle froh und heiter
dein Leben Jahr für Jahr,
das GLÜCK sei den Begleiter,
dein Himmel ewig klar!

SPRICHWORT

DER HÖCHSTE GENUSS
BESTEHT IN DER ZUFRIEDENHEIT
MIT SICH SELBST.

JEAN-JACQUES ROUSSEAU

Schokocrossies

FÜR CA. 25 STÜCK

200g Kuvertüre nach Belieben, 60g Cornflakes, 60g Mandelstifte

Die Kuvertüre fein hacken und
über dem heißen Wasserbad schmelzen.
Cornflakes und Mandelstifte in eine Schüssel geben
und geschmolzene Kuvertüre zugießen.
Alles miteinander vermengen.
Mit zwei Teelöffeln kleine Häufchen formen
und auf Backpapier setzen. Abkühlen und trocknen lassen.

Tipp:

In einer luftdicht verschlossenen Dose
halten sich die Schokocrossies (theoretisch) mehrere Wochen –
wenn sie nicht vorher schon alle vernascht werden.

Geld und Lachen können
das Alter zu JUGEND machen.

AUS DEM TALMUD

MAN IST NIE ZU ALT

für neue Träume.

GLÜCK
ist das
mächtigste
Stärkungsmittel.

HERBERT SPENCER

In uns selbst liegen
die STERNE unseres GLÜCKS.

HEINRICH HEINE

Das Beste im Menschen sind
seine jungen Gefühle
und seine alten Gedanken.

JOSEPH JOUBERT

DIE SCHÖNSTEN
FALTEN
KOMMEN VOM
LACHEN.

Vollständige SORGLOSIGKEIT und eine unerschütterliche Zuversicht sind das Wesentliche eines glücklichen Lebens.

LUCIUS ANNAEUS SENECA

Wenn man glücklich ist,
hat man keine Zeit, müde zu werden;
glücklich zu sein beansprucht
einfach die ganze Aufmerksamkeit.

EDWARD FREDERIC BENSON

Der ideale Tag
wird nie kommen.
Der ideale Tag
ist heute,
wenn wir ihn
dazu machen.

HORAZ

DAS ALTER,
DAS MAN HABEN MÖCHTE,
VERDIRBT DAS ALTER,
DAS MAN HAT.

PAUL HEYSE

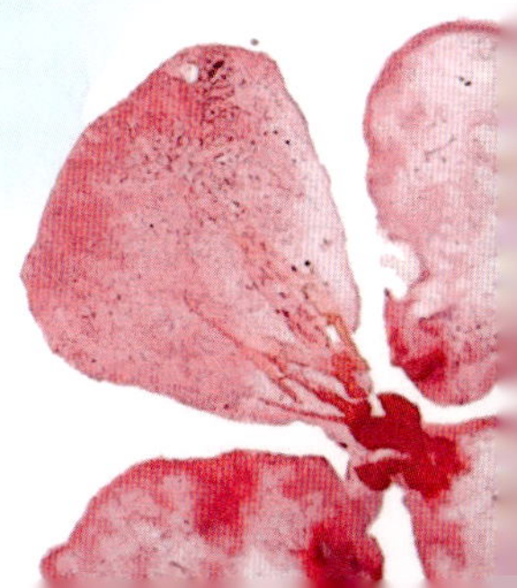

Wenn du im Hier und Jetzt lebst,
hast du keine Zeit mehr, dir den Kopf über Ungewissheiten zu zerbrechen. Fällt es dir schwer, deine Sorgen loszulassen?

SCHLIEẞE FÜR EINEN MOMENT DEINE AUGEN.
NIMM DIE WELT UM DICH HERUM WAHR
GERÄUSCHE, GERÜCHE, GEFÜHLE

Kehre in den Augenblick zurück.

Laufe nicht
der Vergangenheit nach
und verliere dich nicht
in der Zukunft.
Die Vergangenheit
ist nicht mehr,
die Zukunft
ist noch nicht gekommen.

SIDDHARTHA GAUTAMA BUDDHA

GLÜCKLICH

oder unglücklich sind wir
nicht durch unsere Lebenslage,
sondern durch unsere
Einstellung zum Leben.

AUS INDIEN

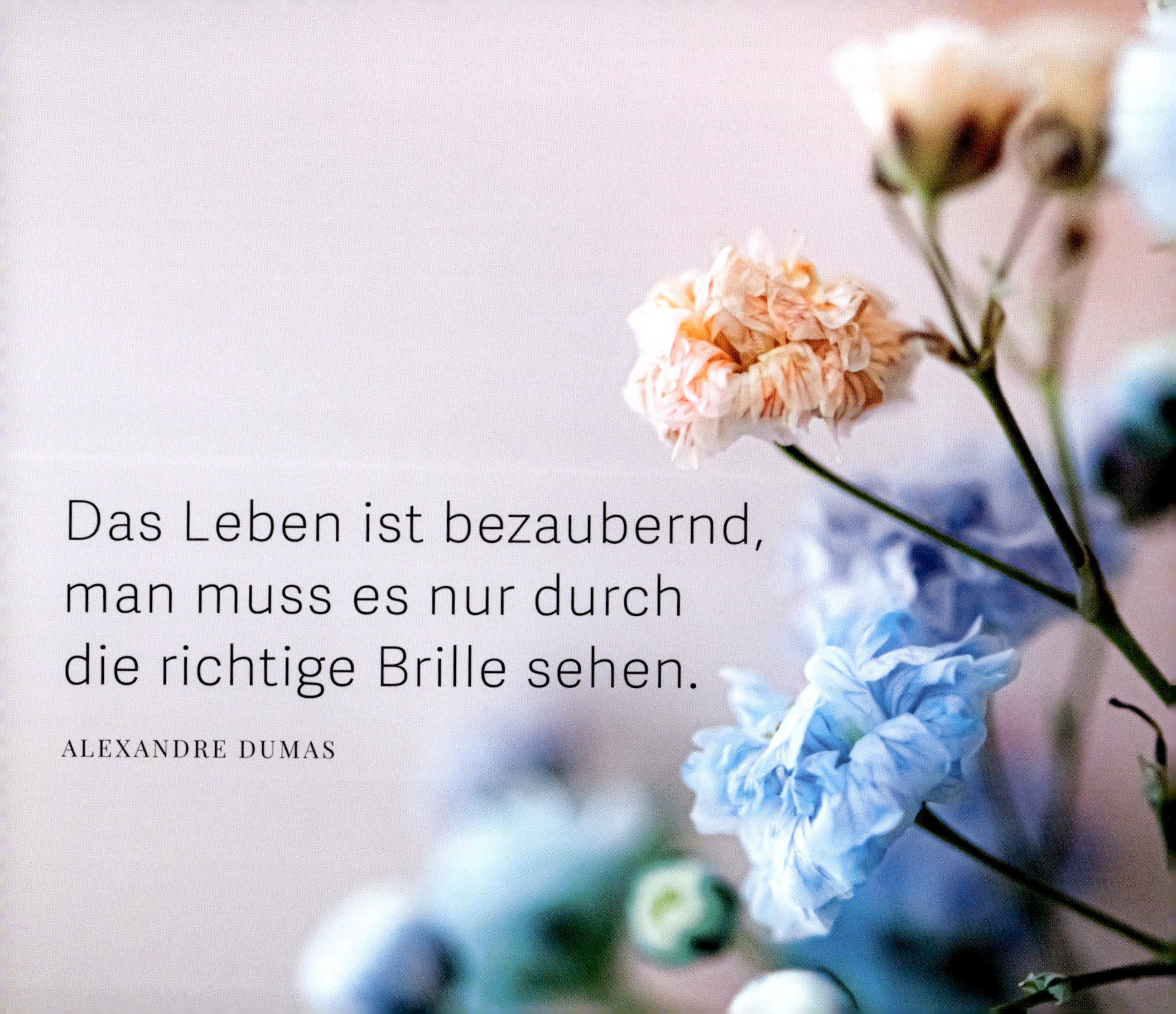

Das Leben ist bezaubernd, man muss es nur durch die richtige Brille sehen.

ALEXANDRE DUMAS

Bunte Buddha-Bowl

150g Quinoa, 250g braune Champignons,
Olivenöl, 2 Paprika, 1 Aubergine, 250g passierte Tomaten (Dose),
1 Stängel Thymian, 1 Stängel Oregano, Chiliflocken, Salz,
frisch gemahlener schwarzer Pfeffer,
2 Handvoll Rucola, 2 Handvoll Oliven

Quinoa nach Packungsangabe zubereiten, Champignons putzen und vierteln, etwas Olivenöl in einer Pfanne erhitzen und die Pilze darin anbraten. Die Paprika von Samen und Scheidewänden befreien und die Aubergine würfeln. Beides putzen und in einer zweiten Pfanne ebenfalls kurz in Olivenöl anbraten, Hitze reduzieren, die passierten Tomaten zugeben und einköcheln lassen. Thymian und Oregano abbrausen, trocken tupfen und die Blättchen abzupfen. Zu dem Tomatensugo geben und alles mit Chiliflocken, Salz und Pfeffer abschmecken. Quinoa, Tomatensugo und Pilze auf zwei Schüsseln verteilen. Rucola putzen und mit den Oliven auf die Bowls geben.

SCHÖN ist eigentlich alles,
was man mit Liebe betrachtet.

CHRISTIAN MORGENSTERN

Das LACHEN ist die Sonne,
die aus dem menschlichen Antlitz
den Winter vertreibt.

VICTOR HUGO

ES IST NICHT WICHTIG,
WIE ALT MAN IST,
SONDERN WIE MAN
ALT IST.

SPRICHWORT

Denke immer daran,
dass es nur
eine wichtige Zeit gibt:
Heute. Hier. Jetzt.

LEO N. TOLSTOI

Es ist nie zu spät, das zu werden,
was man hätte sein können.

GEORGE ELIOT

DAS PASSWORT
FÜRS LEBEN LAUTET
HUMOR.

Durchwandle froh und heiter
dein Leben Jahr für Jahr,
das GLÜCK sei den Begleiter,
dein Himmel ewig klar!

SPRICHWORT

Wenn du immerzu
an das denkst,
was zurückliegt, und an das,
was noch kommt,
verpasst du die Gelegenheit,
den AUGENBLICK zu leben.

DIE GLÜCKLICHEN
SIND NEUGIERIG.
FRIEDRICH NIETZSCHE

Je lieber
jemand so lebt,
wie er lebt,
desto glücklicher
ist er.

Apfelstrudel-Bowl

2 Äpfel, 2 Bananen, 6 EL Naturjoghurt,

1 TL Zimt, 2 TL Honig

Für das Topping:

1 Apfel, 2 Handvoll Haselnüsse,
4EL Mandelstifte, 1 Handvoll Rosinen

Äpfel und Bananen schälen, die Äpfel entkernen und beides grob würfeln. Mit Joghurt, Zimt und Honig cremig pürieren, auf zwei Schüsseln verteilen. Den weiteren Apfel schälen, entkernen, in dünne Scheiben schneiden und zusammen mit Haselnüssen und Mandelstiften auf den Bowls verteilen. Die Rosinen darüberstreuen.

Die Stunde
ist kostbar.
Warte nicht
auf eine spätere
Gelegenheit.

KATHARINA VON SIENA

Wenn du dein Heute
fest in die Hände nimmst,
wirst du vom Morgen
weniger abhängig sein.

LUCIUS ANNAEUS SENECA

VERGNÜGEN

ist das einzige, wofür man leben sollte. Nichts macht so alt wie Glück.

OSCAR WILDE

DIE FREUDE
IST DER SCHLÜSSEL
ZUM GLÜCK.
SPRICHWORT

DAS BESTE ALTER
IST JETZT!
CHARLES DE FOUCAULD

Wenn du erkennst,
dass es dir an nichts fehlt,
gehört dir die GANZE WELT.

LAOTSE

FÜR ______________________

VON ____________________